Los indígenas del Este

Los pueblos del bosque

T0136935

Heather E. Schwartz

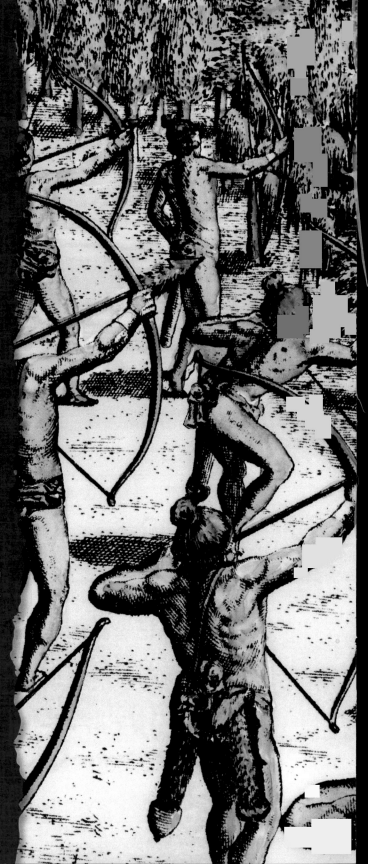

Asesores

Katie Blomquist, Ed.S.
Escuelas Públicas del Condado de Fairfax

Nicholas Baker, Ed.D.
Supervisor de currículo e instrucción
Distrito Escolar Colonial, DE

Vanessa Ann Gunther, Ph.D.
Departamento de Historia
Universidad Chapman

Créditos de publicación

Rachelle Cracchiolo, M.S.Ed., *Editora comercial*
Conni Medina, M.A.Ed., *Redactora jefa*
Emily R. Smith, M.A.Ed., *Realizadora de la serie*
Diana Kenney, M.A.Ed., NBCT, *Directora de contenido*
Caroline Gasca, M.S.Ed., *Editora superior*
Johnson Nguyen, *Diseñador multimedia*
Lynette Ordoñez, *Editora*
Sam Morales, M.A., *Editor asociado*
Jill Malcolm, *Diseñadora gráfica básica*

Créditos de imágenes: portada y pág.1 Collection of the New-York
Historical Society, USA/Bridgeman Images; págs.2–3, 4–5, 8, 10–11,
11, 12–13, 14–15, 18, 19, 20, 22, 31, contraportada North Wind Picture
Archives; págs.7, 16 NativeStock/North Wind Picture Archives; págs.16,
17, 21, 24–25 Granger, NYC; pág.21 Pictorial Press Ltd/Alamy; pág.23
LOC [LC-DIG-ds-03379]; pág.26 Sogospelman/Wikimedia Commons;
págs.27, 32 Rick Maiman/Polaris/Newscom; todas las demás imágenes
cortesía de iStock y/o Shutterstock.

Library of Congress Cataloging-in-Publication Data

Names: Schwartz, Heather E., author.
Title: Los indígenas del este : los pueblos del bosque / Heather E.
   Schwartz.
Other titles: American Indians of the East. Spanish
Description: Huntington Beach, CA : Teacher Created Materials, Inc.,
[2020]
   | Includes index.
Identifiers: LCCN 2019014748 (print) | LCCN 2019022337 (ebook) | ISBN
   9780743913423 (pbk.)
Subjects: LCSH: Indians of North America--East (U.S.)--History--Juvenile
   literature.
Classification: LCC E78.E2 S3918 2020 (print) | LCC E78.E2 (ebook) |
DDC
   973.04/97--dc23

Teacher Created Materials

5301 Oceanus Drive
Huntington Beach, CA 92649-1030
www.tcmpub.com

ISBN 978-0-7439-1342-3

Contenido

¿Quiénes eran los pueblos del bosque?

Hace mucho tiempo, había **tribus** de indígenas a lo largo de todo el Este. Eran grupos diversos con lenguas y **costumbres** distintas. Sin embargo, tenían una historia común.

indígenas en la isla de Manhattan en el siglo XVI

Estas tribus vivían entre el océano Atlántico y el río Misisipi. Como vivían principalmente en los bosques, a estas tribus se las conoce como "pueblos del bosque".

Los pueblos del bosque vivieron bien durante siglos. Usaban la tierra para obtener alimentos y otros recursos. Algunas tribus formaron **alianzas**. Otras comerciaban entre sí. Sus **culturas** prosperaban.

Pero todo cambió con la llegada de los **colonos** ingleses. Los recién llegados querían las tierras que pertenecían a los pueblos del bosque. Se volvió cada vez más difícil que los colonos y las tribus se llevaran bien. La vida nunca volvería a ser igual.

¿Qué significa el nombre?

Cristóbal Colón desembarcó en el Caribe en 1492. Pensó que había llegado a la India. Es por eso que llamó "indios" a las personas que encontró.

5

Dos regiones

Los pueblos del bosque vivían en varios lugares del este de América del Norte. Hablaban muchas lenguas, entre ellas, el iroqués y el algonquino. Sus culturas variaban según se tratara de tribus del Noreste o del Sureste. Esto se debía en gran parte a las diferencias en el clima de cada región.

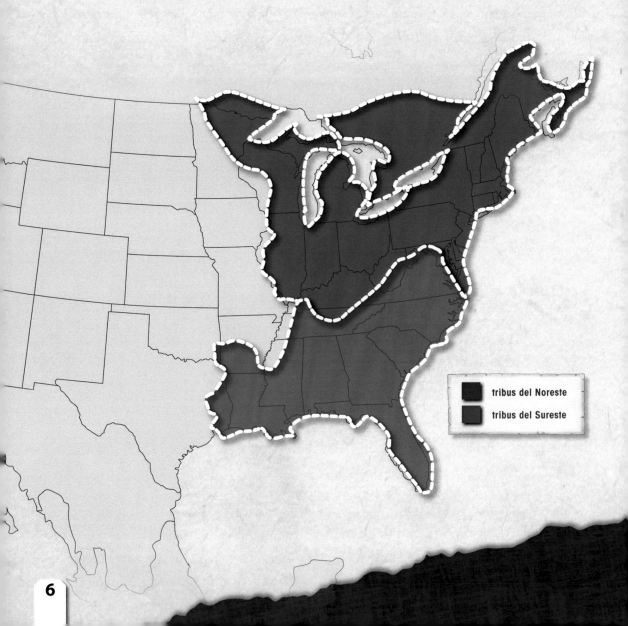

tribus del Noreste

tribus del Sureste

un *wigwam* y una casa larga

Las tribus del Noreste

Entre las tribus del Noreste, estaban los senecas, los mohawks, los mohicanos, los oneidas y los shawnees. El clima del Noreste es más fresco que el del Sureste. La gente debía protegerse del frío. Por eso usaban ropa hecha de piel de venado, que los mantenía abrigados.

Las tribus del Noreste cazaban venados, conejos, bisontes, osos y otros animales. También se dedicaban a la agricultura. Cultivaban maíz, frijoles y calabaza.

La gente de las tribus del Noreste vivía en *wigwams* y en casas largas. Los *wigwams* se construían con láminas de corteza de árbol que revestían una estructura de madera. Las estructuras de las casas largas se hacían con postes y palos de madera. Los postes y palos se ataban con soga o tiras de corteza. Luego, las casas se cubrían con corteza. Muchas familias vivían juntas en una casa larga. Estas construcciones las ayudaban a pasar los inviernos fríos.

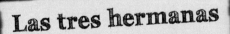

Las tres hermanas

El maíz, los frijoles y la calabaza se conocen como "las tres hermanas". Suelen crecer muy bien juntos. Las hojas de la calabaza conservan la humedad del suelo. La planta de frijoles crece sobre los tallos del maíz. Los frijoles también mantienen el suelo fértil.

Las tribus del Sureste

Algunas de las tribus del Sureste eran los cheroquis, los chickasaws, los choctaws, los creeks y los natchez, entre otras. El clima del Sureste es más cálido que el del Noreste. En consecuencia, los miembros de las tribus del Sureste no usaban tanta ropa como los de las tribus del Noreste. Cuando hacía frío, usaban ropa hecha de corteza de árbol entretejida y musgo.

Las tribus del Sureste tenían una cultura agrícola muy fuerte. Esto se debía a que el suelo era especialmente bueno para el cultivo. Como las tribus del Noreste, cultivaban maíz, frijoles y calabaza.

Las tribus del Sureste vivían principalmente en casas hechas de **zarzo** y barro. Estas estructuras se tejían con madera, caña y enredaderas. Luego se las cubría con una mezcla de arcilla. Los techos se construían con paja o corteza de árbol. Algunas tribus también vivían en casas de paja. Estas casas tenían una estructura de postes y estaban recubiertas de pasto. Eran ideales para el clima más cálido del Sureste.

Constructores de montículos

Hace mucho tiempo, algunas tribus del bosque construyeron montículos. Estos montículos grandes muchas veces eran lugares donde enterraban a los muertos.

montículo etowah en Georgia

casa de zarzo y barro

La guerra y la paz

Las tribus del Este solían mantener relaciones pacíficas. Pero, a veces, tenían enfrentamientos violentos. Algunas guerreaban o tenían contiendas continuas.

Cuando una tribu atacaba a otra, solía hacerlo por medio de una **emboscada**, es decir, un ataque sorpresa. Un grupo grande se escondía detrás de los árboles y los arbustos. Luego, se dividían en grupos más pequeños y atacaban.

Una tribu tiende una emboscada a su enemigo.

Los pueblos del bosque usaban esta táctica de emboscada por una razón específica. Compartían la creencia espiritual de que las almas de las personas que morían en batalla no tenían descanso después de la muerte. La mayoría de las batallas que empezaban con un ataque sorpresa terminaban rápidamente, y el grupo que atacaba perdía pocas vidas.

Antes de llevar a cabo un ataque, había que seguir muchos pasos. Las mujeres de la tribu elegían a un jefe de guerra. El jefe de guerra organizaba la expedición que atacaría. Luego debía obtener la aprobación de la aldea. El jefe encabezaba un festín ceremonial. Por último, dirigía al grupo en el ataque.

Armas y armaduras

Los pueblos del bosque usaban garrotes, lanzas, hachas con punta de piedra y flechas con punta de piedra. Se protegían con escudos de corteza de árbol y armaduras de madera.

    A los pueblos del bosque no les interesaba quedarse con la tierra del enemigo. Las tribus tenían otras razones para atacar. Solían hacerlo por venganza. También organizaban ataques para dar a los más jóvenes la oportunidad de poner a prueba sus destrezas como guerreros. A veces, los jóvenes atacaban sin la aprobación de la aldea. Estaban ansiosos por mostrar sus habilidades y obtener respeto. Sin embargo, esos ataques sin aprobación solían poner fin a los acuerdos de paz.

    Las tribus también atacaban para robar miembros de otras tribus. Quienes quedaban **cautivos** a veces reemplazaban a miembros de la tribu atacante que habían fallecido. Esto era común con las mujeres y los niños. Los niños eran adoptados por familias nuevas. Recibían nombres nuevos. Los hombres cautivos por lo general eran torturados durante unos días. Luego los mataban. Otras veces, se volvían esclavos de la tribu que los había capturado.

Un grupo de indígenas ataca una aldea enemiga.

Llegan los ingleses

El conflicto cobró un significado diferente en el siglo XVII. Ese fue el momento en que los colonos ingleses empezaron a llegar. Los primeros colonos llegaron a la zona de Virginia en 1607. Querían reclamar tierras para Inglaterra y prosperar con ellas. También querían cambiar la cultura indígena. Creían que los pueblos del bosque eran **salvajes**. Querían **convertirlos** al **cristianismo**.

Los colonos fundaron una **colonia** llamada Jamestown. Algunas tribus vivían cerca de la colonia. Muchas estaban bajo el cacicazgo de Powhatan. Era un grupo de tribus que habían formado una alianza. Los ingleses decían que el territorio les pertenecía a ellos. Pero allí ya vivían miles de personas.

Las tribus reaccionaron rápidamente. Atacaron Jamestown. Pero su actitud cambió pronto. Los colonos no parecían poderosos. No parecían formar un grupo capaz de amenazar el estilo de vida de los powhatanes. Además, las tribus querían comerciar con ellos para obtener armas inglesas.

El líder del cacicazgo de Powhatan hizo las paces con los colonos. Los aceptó y empezó a tratarlos como amigos.

Suposiciones falsas

Los colonos vieron los rituales fúnebres y creyeron que las tribus asesinaban a sus propios miembros. Vieron que las tierras no estaban cercadas y creyeron que las tribus no tenían interés en reclamarlas. Pero los colonos estaban equivocados en ambos casos.

Los colonos llegan a Jamestown en 1607.

15

Los powhatanes empezaron a comerciar con los colonos. Los colonos les daban cobre y monedas a los indígenas. También les ofrecían productos **manufacturados** en Europa, como teteras, cuentas y herramientas de metal. A cambio, los powhatanes les daban perlas, pieles y sombreros de castor. Pero lo más importante es que les ofrecían alimentos. Los colonos tenían muy poca comida. Intercambiaban casi todo lo que tenían por alimentos. Y los powhatanes querían más provisiones. Empezaron a depender unos de otros.

Pocahontas

Pocahontas era hija del líder powhatan. Llevó comida a Jamestown y convenció a los ingleses de que liberaran a los powhatanes que tenían prisioneros.

olla de metal para cocinar

Pero los colonos y los powhatanes tenían puntos de vista distintos sobre la tierra. Los colonos querían adueñarse de ellas. Querían obtener ganancias de las tierras. Esperaban hallar oro. Pero los powhatanes creían que la tierra debía **preservarse**. Los colonos y los powhatanes no se ponían de acuerdo. Empezaron a surgir tensiones entre los dos grupos.

Un jefe indígena y el gobernador de Virginia no se ponen de acuerdo durante una negociación.

Algunas personas creen que las tensiones aumentaron porque los colonos estaban demasiado interesados en obtener ganancias. Buscaban oro en las tierras, pero no sembraban maíz ni otros cultivos. Dependían de los powhatanes para obtener comida. Esto se convirtió en un problema.

El invierno de 1608 fue duro. Hubo escasez de comida y los powhatanes no tenían alimentos suficientes para intercambiar. Los colonos se enojaron. Atacaron a las tribus y les robaron la comida.

Los colonos y los powhatanes dejaron de ser **aliados**. Se convirtieron en enemigos. Así comenzó una serie de guerras.

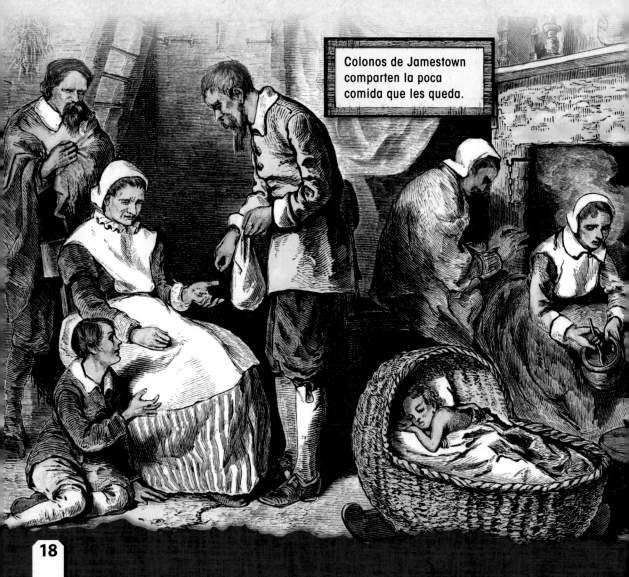

Colonos de Jamestown comparten la poca comida que les queda.

La primera **guerra anglo-powhatan** comenzó en 1609. Los ingleses querían que el jefe powhatan siguiera al rey inglés. Esto ofendió a los powhatanes. Los ingleses secuestraron a Pocahontas en 1610. En 1614, Pocahontas se casó con un colono llamado John Rolfe. Su matrimonio trajo la paz entre los grupos. Pero esa paz no duró demasiado. Pocahontas murió apenas unos años después. A partir de entonces, las relaciones se volvieron inestables otra vez.

Una segunda guerra se desató en 1622. Duró diez años. Hubo un acuerdo de paz que la resolvió durante un tiempo. En 1644 comenzó una tercera guerra. Duró hasta que el líder powhatan fue asesinado dos años más tarde.

Pocahontas se casa con John Rolfe.

Una mediadora valiente

Algunos historiadores creen que Pocahontas quería casarse con John Rolfe. Otros creen que no tuvo opción. Había sido prisionera de los ingleses más de un año. Quería la paz para su pueblo.

Tomar partido

Las guerras contra los colonos no eran los únicos problemas que enfrentaban los pueblos del bosque. También lucharon en las guerras coloniales. Estas guerras comenzaron en 1689. Fueron principalmente entre Inglaterra y Francia. Ambos países querían tener control de América del Norte. Los colonos pelearon para sus países de origen. Las tribus tomaron partido según viejas disputas y alianzas. Algunas eligieron bando según las relaciones que mantenían con los franceses o los ingleses. Otras eligieron según lo que elegían sus enemigos.

Una tribu ataca un pueblo en Massachusetts.

Entre las guerras hubo algunos períodos de paz inestable. Pero esa paz nunca duraba mucho y las guerras seguían durante años. Los pueblos del bosque sufrieron y murieron en cada una de ellas. Y las guerras alimentaban nuevos conflictos entre las tribus.

By His Excellency

Coll. *Benjamin Fletcher* Captain General and Governour in Chief of His Majesties Province of *Neu-York, &c.*

A PROCLAMATION

WHEREAS The *French* and *Indians* of *Canada* have lately Invaded the Country of the Indians of the Five Nations in Amity with the Subjects of the Crown of *England*, and have destroyed their Indian Corn. To the end that the said *Indians* that have so suffered the loss of their Corn, may be supplyed with what is necessary for their Maintenance for the Year ensuing, I have therefore, by and with the Advice and Consent of His Majesties Council for this Province, Prohibited the Transportation of Indian Corn and Pease from the County of *Albany,* *Ulster* and *Dutchess County,* to any other County or Place down the River, until the first day of *April* now next ensuing. And all Masters of Sloops, and other Vessels are hereby prohibited accordingly, as they will answer the contrary at their peril.

Given at Fort William Henry *the Twelfth Day of* September*, in the Eighth Year of the Reign of our Soveraign Lord* WILLIAM *the Third, by the Grace of God, King of* England*,* Scotland, France *and* Ireland*, Defender of the Faith, &c.* Annoq; Domini 1696.

Ben. Fletcher.

God Save the K I N G

Printed by William Bradford, *Printer to the Kings most Excellent Majesty, at the Bible in the City of New-York,* 1696.

Esta proclamación de una de las guerras coloniales ayudaba a los condados que habían recibido ataques.

Cinco naciones

La Confederación Iroquesa fue una fuerza poderosa de indígenas. La alianza se formó entre 1570 y 1600. La componían cinco tribus: los onondagas, los cayugas, los mohawks, los senecas y los oneidas.

Los líderes de la Confederación Iroquesa se reúnen para debatir sobre las leyes.

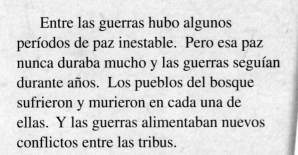

La guerra franco-india fue la última de las guerras coloniales. Comenzó en 1754 y terminó en 1763. Fue parte de una guerra mayor que se libraba en Europa: la guerra de los Siete Años. Durante la guerra franco-india, Gran Bretaña y Francia lucharon por el control del valle del río Ohio.

Los británicos ganaron la guerra. Castigaron a las tribus que habían luchado para los franceses cortándoles los suministros. Sin embargo, realmente no recompensaron a las tribus que habían luchado de su lado. Intentaron obligar a todas las tribus a obedecer las leyes británicas. También interrumpieron el comercio de armas y pólvora. Los colonos británicos se apoderaron de más tierras tribales después de la guerra. Algunas tribus lucharon contra los británicos por el derecho a las tierras. Por lo tanto, en 1763, el **gobierno** británico puso límites a los lugares donde podían asentarse los colonos.

Gran Bretaña siguió nuevas políticas después de la guerra. Quería tener más control sobre sus colonias. Para pagar sus **deudas** de guerra, Gran Bretaña empezó a cobrar impuestos por muchos artículos que usaban los colonos. Algunos colonos dejaron de sentirse leales a Gran Bretaña. En cambio, se sentían leales a su hogar en América del Norte.

una batalla durante la guerra franco-india

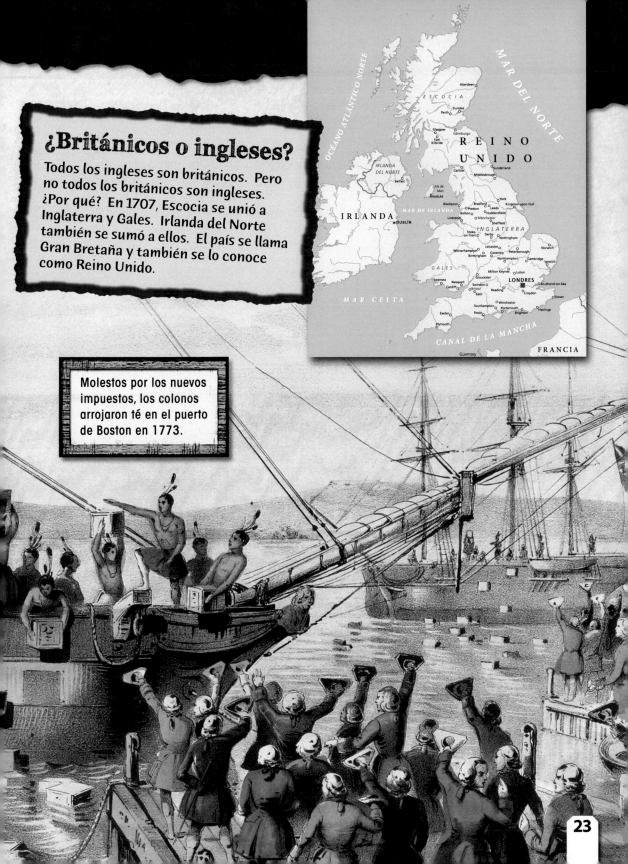

¿Británicos o ingleses?

Todos los ingleses son británicos. Pero no todos los británicos son ingleses. ¿Por qué? En 1707, Escocia se unió a Inglaterra y Gales. Irlanda del Norte también se sumó a ellos. El país se llama Gran Bretaña y también se lo conoce como Reino Unido.

Molestos por los nuevos impuestos, los colonos arrojaron té en el puerto de Boston en 1773.

Muchos colonos sentían que ya no necesitaban a los británicos después de la guerra. Tampoco estaban contentos con los nuevos impuestos. Querían la independencia. Querían formar su propio país. En 1775, los colonos volvieron a entrar en guerra. Pero esta vez lucharon contra Gran Bretaña. Esta guerra se conoce como la Revolución estadounidense.

Muchas tribus se unieron a la lucha. Algunos pelearon para los colonos. Habían compartido la tierra con ellos durante muchos años. Se relacionaban con ellos personalmente. Otras tribus pelearon para Gran Bretaña. Los británicos les habían prometido proteger sus tierras de nuevos colonos.

La guerra terminó en 1783. Los colonos ganaron. Estados Unidos de América se convirtió en un país independiente. Pero el nuevo país traicionó y mató a muchas de las tribus que lo habían ayudado. Tomó las tierras de tribus que habían peleado para él o en su contra durante la guerra. Muchas tribus del Este perdieron la tierra en la que habían vivido durante siglos.

En los años que siguieron, los pueblos del bosque se enfrentaron incluso a más adversidades. Muchos fueron forzados a abandonar sus hogares. Sin embargo, siempre intentaron aferrarse a sus culturas.

El general británico John Burgoyne habla con sus aliados indígenas antes de atacar un fuerte en 1777.

Las tribus del Este hoy

Muchas tribus del Este todavía existen. Las más grandes son los cheroquis, los choctaws, los chippewas y los muscogees (creeks). Hoy en día, los indígenas pueden decidir dónde vivir. Pueden vivir en **reservas**. Hay más de 300 reservas federales en Estados Unidos. Son mucho más pequeñas que las tierras en las que solían vivir. Pero las tribus pueden tener sus propios gobiernos en las reservas.

La mayoría de los indígenas viven actualmente en casas modernas. Asisten a escuelas modernas y usan ropa moderna. Muchas tribus ayudan a sus miembros a conseguir vivienda, capacitación laboral y asistencia médica, entre otras cosas.

Las tribus también tratan de mantener vivas sus culturas. Sus miembros participan en festivales y ceremonias. Cantan canciones y usan su ropa tradicional. Algunos dictan clases de lengua indígena. Otros enseñan cómo cocinar según sus tradiciones. Los miembros de las tribus escriben libros y dan discursos para describir a los demás sus culturas singulares. Se sienten orgullosos de su **herencia**.

Muchas tribus asisten a este *powwow* en Nueva York.

¡Cocínalo!

Crea un libro de cocina con recetas de los indígenas del Este. Busca en internet algunas recetas tradicionales. Busca platos que lleven las "tres hermanas" como ingredientes. Trata de hallar una combinación de platos principales, acompañamientos, panes y postres.

Imprime o escribe las recetas, una por página. Asegúrate de incluir los ingredientes y las instrucciones. Organiza las recetas por categoría. Luego, únelas para crear el libro de cocina. Diseña la portada del libro. Si un adulto te da permiso, ¡puedes preparar alguno de los platos! Hasta podrías publicar fotos de tus platos en línea con ayuda de un adulto.

ensalada "tres hermanas"

LIBRO DE RECETAS

antiguas

RECETAS DE FAMILIA ANCESTRALES

Glosario

aliados: personas que se unen con un objetivo o una meta en común

alianzas: relaciones en las que las personas se ponen de acuerdo para trabajar juntas

cautivos: que fueron hechos prisioneros

colonia: un área gobernada por un país lejano

colonos: personas que se establecen en un nuevo lugar

convertirlos: hacerlos cambiar de religión o creencia

costumbres: conductas o acciones tradicionales de un grupo de personas

cristianismo: una religión que basa sus creencias en las enseñanzas de Jesucristo

culturas: creencias y estilos de vida de diferentes grupos de personas

deudas: cantidades de dinero que se deben a alguien

emboscada: el acto de esconderse, esperar que otros aparezcan y atacarlos por sorpresa

gobierno: el grupo de líderes que toman decisiones en nombre de un país o una región

guerra anglo-powhatan: una sucesión de tres guerras entre los ingleses y los powhatanes en el siglo XVII

herencia: las tradiciones y creencias que forman parte de la historia de un grupo o una nación

manufacturados: fabricados con máquinas, generalmente en grandes cantidades

preservarse: protegerse; cuidarse de un daño o peligro

reservas: territorios en Estados Unidos que se apartan para que vivan los indígenas

salvajes: brutales, incivilizados y sin educación

tribus: grupos de personas que hablan el mismo idioma y comparten costumbres y creencias

zarzo: un tejido de cañas que forma una superficie plana

Índice

¡Tu turno!

Powwows modernos

Hoy en día, muchas tribus asisten a *powwows* intertribales. Son reuniones donde muchas tribus celebran juntas sus culturas y tradiciones. ¿De qué manera los *powwows* ayudan a preservar sus culturas? ¿En qué se parecen y en qué se diferencian de las relaciones intertribales del pasado? Escribe un párrafo para responder estas preguntas.